Christina Mülling

Gottes-Abstieg

Bibliografische Information  der Deutschen Nationalbibliothek

Die Deutsche Bibliothek verzeichnet diese Publikation in der Deutschen Nationalbibliografie; detaillierte bibliografische Daten sind im Internet über <http://dnb.ddb.de> abrufbar.

3. erweiterte Auflage 2017
© 2017 Christina Mülling

Das Werk ist in allen seinen Teilen urheberrechtlich geschützt. Die dadurch begründeten Rechte, insbesondere die der Übersetzung, des Nachdruckes, der Funksendung, der Wiedergabe auf fotomechanischen oder ähnlichem Wege und der Speicherung in Datenverarbeitungssystemen bleiben, auch bei nur auszugsweiser Verwertung, vorbehalten.

Herstellung und Verlag: Books on Demand, Norderstedt

ISBN 978-3-7392-0824-4

Bildnachweis:
Himmelsleiter · Christel Holl, Rastatt/Germany
Bestell-Nr. 7068D © Beuroner Kunstverlag,
D–88631 Beuron
www.klosterkunst.de

Grafikdesign:
Sr. Anna Barbara Regnat, Kloster Sießen

Der herunter
gekommene
Gott

Menschwerdung

Gottes-Abstieg

Menschwerdung
unaufhaltsamer Gottesabstieg
in die Abgründigkeit des Lebens
die Todesumklammerungen der Seele
tiefer als unsere eigenen Tiefen
um als herunter Gekommener
uns Heruntergekommene zu erheben

Du hältst nicht an
an der Sprosse der Lebensleiter
an die wir uns gerade klammern
um nach oben zu kommen
nur dein Gottesschatten streift uns
lädt uns ein umzukehren
das ängstliche Klammern aufzugeben
die Abstiegsangst zu überwinden
die Furcht vor dem Niedergang
und Dir zu folgen
in die eigene Abgründigkeit

Gegenverkehr auf der Lebensleiter

himmelwärts streben
mühselig
asketisch zwangsgesteuert
Sprosse für Sprosse erklimmen
beladen mit Lasten
die es loszuwerden gilt
haschend nach Tugenden
die es zu erringen gilt
um irgendwann
himmelswürdig zu werden

und im Klettern entdecken
Gott hat die Richtung geändert
unbeirrbar steigt er ab
in die Abgründe des Lebens
in die Abgründe des Todes
in unser gebrochenes Leben
um uns dort zu begegnen
wo wir vor uns selber fliehen
wir uns nicht in die Augen sehen können

Gegenverkehr auf der Lebensleiter.
Einladung zum Richtungswechsel!
Wer hätte damit gerechnet?

Gottes-Einbruch

Wenn die Liebe Gottes
hereinbräche
in die dunkle Nacht der Menschheit
in Sinn- und Hoffnungslosigkeit
in Verletztheit und Unversöhntheit
in Enge und Erstarrtheit
in Lieblosigkeit und Hass
wenn die Liebe Gottes
hereinbräche
ein bereites Herz suchend
in dem sie Fleisch werden kann
wie einst bei Maria
würde sie dann ein solches finden
bei mir und bei dir?

Im Vorübergehen

auf dem weg
im vorübergehen
nebenbei
fast unbemerkt
ereignet sich
menschwerdung
durch
ein lächeln
einen lieben blick
ein freundliches wort
das in mein herz fällt
und liebe
freisetzt

Perspektivenwechsel

neu
geboren
neue Sicht
auf alte Welt
neue Antwort
auf alte Fragen
neue Wege
aus alten Problemen
perspektive von unten:
Menschwerdung
ganz neu

Ausgeliefert

Ausgeliefert
der Nacht der Welt
dem Bombenhagel und der Kriegsmaschinerie
fanatischen Gottes-Kriegern und eitlen Diktatoren
Machtansprüchen und Korruption
Terroranschlägen und rechtsradikaler Gewalt

Auf der Strecke geblieben
der Mensch
weil kein Platz für ihn war
und kein Dach über Leib und Seele
das Heimat schenkt
und Frieden

Gottesverdichtung

Das Wort
das gottverdichtete
sprang auf die Erde
drang ein
in Menschenherz
um Fleisch zu werden
um Hand und Fuß zu bekommen
um in gottgeschwängerten Menschen
zur Welt zu kommen:
Menschwerdung!

Biblische Gedankensplitter

Abraham *Gen 12,1-4*

Lockruf des Lebens:
Geh!
Bleib nicht stehen
in deiner Todsicherheit!
Lass Altes zurück
dich vom Vertrauten nicht fesseln!
Folg der Spur deines Lebens!
Geh!

Ausbruch
aus altem Bindungsgefüge
ängstlich tastend
neuen Boden gewinnen
ausprobieren
ob er trägt
ob er hinüberträgt
über Unsicherheitsklippen

Die ausgetretenen Pfade
bei Seite lassen
den eigenen Weg suchen
der inneren Stimme trauen
Selbstvertrauen gewinnen
Identität schärfen
mutig ausschreiten
im Verheißungsland

Aufbruch
im Lassen Neues gewinnen
in der Entwurzelung Wurzeln schlagen
in der Fremde Heimat finden:
gesegnet sein

Er sah eine Leiter, die auf der Erde stand und bis zum Himmel reichte *Gen 28,12*

Im Sumpf der Schuld nicht
untergehen nicht
resignieren
in der Selbstverurteilung
stattdessen den Himmel
in den Abgrund träumen
um auf Engelsflügeln
neue Wege zu beschreiten:
Gottes-Wege

Mache dich auf und geh nach Sarepta *1 Kön 17,8-16*

Mache dich auf
Gehorsamsschritte
Glaubensschritte
durch vertrocknetes Land
durch verdorrte Hoffnung
durch erloschene Liebe

Mitten in der Wüste
Begegnung
Wasser fließen
Hoffnungswasser
Vetrauenswasser
das Leben rettet

Öl der Nächstenliebe
Schmierstoff
in unserer eingerosteten
und eingefahrenen
Gesellschaft

Eine Hand voll Hoffnungsmehl
wird Lebensbrot
das Angst besiegt:
Lebensangst
Todesangst

Gottes Wort speist
Liebeskrug und
Lebenstopf
damit Hoffnung sprießt
im vertrockneten Land

**Ich habe dort einer Witwe befohlen,
dich zu versorgen** *1 Kön 17,8-16*

Vorräte aufgebraucht
was bleibt ist nichts
als eine Hand voll Mehl
ein paar Tropfen Öl
und Horchen
Hin-Horchen
Geh-Horchen
alles geben
alles nehmen
und darin Fülle erfahren:
unversiegbares Lebensbrot

Steh auf und iss *1 Kön 19,5*

Steh auf und iss!
Lebenswort
hineingesprochen ins
Rückzugsschneckenhaus
Berührung
die Hoffnung zündet
in Resignation

Gotteswille
Lebenskraft
hinübergezeugt
in Kraftlosigkeit
Dynamik
die abfallen lässt
Resignation

Engelsspeise
Lebensbrot
das wandelt
das Nein zum Ja

Gottesauftrag
Lebensweg
der führt durch
Wüstenland
um zu wachsen und zu reifen
für die Begegnung
mit IHM!

Ich will mit dir reisen, ich kenne den Weg *Tob 5,6*

Christus
du Weg-Gewordener
mit blinden Augen
und dickfelligen Sohlen
taste ich nach dir
im Dickicht des Lebens

Sende mir den Weg-Geleiter
den heilsamen
der die Augen reinwäscht
und die Sohlen empfindsam macht
für dich

**Wohl dem Mann, der über seine Weisung
nachsinnt bei Tag und bei Nacht** *Ps 1,2*

Deinen Weisungen
nach-sinnen
durch das geschriebene Wort
das Lebendige erschauen
die Liebesbotschaft herauslauschen
sich vom Wohlgeruch locken lassen
das Leben verschmecken
nach dem Geheimnis tasten
zu dem die Seele unterwegs ist
und wachsen
und gründen
am Wasser des Lebens

Brennende Worte *Sir 48,1*

Worte wie Feuer
aus Gottes Mund
aus Menschen Mund
ausgegossen
über die Erde
eingegossen
in unsere Herzen

Machtworte
die den Himmel schließen
oder öffnen.
Scheidungsworte
die trennen das Gute
vom Bösen.
Läuterungsworte
die umschmelzen
das Ich zum Du.
Liebesworte
die werben
um dich und mich

Worte wie Feuer
die unser Leben entflammen
die nicht unausgesprochen
zurückgehalten werden können

Worte
die einsam machen
weil sie einfordern
die Liebe des Menschen
zu Gott und der Welt

**Er zerreißt auf diesem Berg die Hülle,
die alle Nationen verhüllt** *Jes 25,6-10a*

Zerrissen
die Hülle der Befremdung
zwischen den Nationen
Einwohnern und Emigranten
Wohlstandssatten und Armutsflüchtigen
Besitzstandwahrenden und Bedürftigen
selbst die Grenze des Todes fällt
und offenbart die Wahrheit:
alle sind trostbedürftig
erlösungsbedürftig
alle sind geladen zum
Festmahl der Versöhnung

Hätten wir gedacht dass der
der unsre Hoffnung trug
uns auch tatsächlich rettet?

Jeden Morgen weckt er mein Ohr *Jes 50,4*

Wecke das Ohr meines Herzens
damit ich das leise Flüstern des Geistes vernehme
das aus der Tiefe steigt
wie ein erfrischender Hauch
in der Morgendämmerung
der die Schöpfung
mit Lebenskraft betaut

Betaue mich mit deinem Geist!
Nimm Wohnung in
meinem Herzen
meinen Ohren
meinen Augen
meinem Mund
damit ich dich bringe

Jeden Morgen weckt er mein Ohr *Jes 50,4*

Jeden Morgen Herr
wecke mir neu
mein Ohr
dass ich nicht taub sei
für deinen Ruf!

Wecke das Ohr meines Leibes
öffne es für dein Wort
das Geschriebene
und das Lebendige
in meinen Mitmenschen

Wecke mein Ohr
dass ich durchhöre
deinen Schrei
der niemals verstummt
den Schrei der Not
den Schrei der Verlassenheit
den Schrei der Einsamkeit
mache mich hellhörig
für das Leid der Welt

Wecke das Ohr meines Herzens
für das Wirken des Geistes
dessen Säuseln
sanft meine Seele berührt

Nimm mir das Herz aus Stein
und schenke mir ein Herz aus Fleisch
hellhörig
empfindsam
sensibel
verletzbar
geprägt von deinem Antlitz

Wecke mein Ohr
jeden Morgen
und wandle
mein Hören
mein Fühlen
mein Denken
durch deine Liebe

Hiermit lege ich meine Worte in deinen Mund
Jer 1,4-10

Gottes Wort
Leben spendend
richtungsweisend
verborgenes Leben ausersehen
um Gottes Wort
zu bezeugen

Gottes Wort
trotzend
allen Ausreden
die versuchen
es abzutreiben

Gottes Wort
ermächtigend
das Unmündige
damit zu Wort kommt
was unausgesprochen ist

Gottes Wort
befreiend
ängstlich Zurückgehaltenes
damit alles ans Licht kommt
um gewandelt zu werden

Gottes Wort
anvertraut
den Unmündigen und Schwachen
denen die nichts sind
um die zu Schande zu machen
die andere mit Füßen treten

Gottes Wort
in deinem Mund
in meinem Mund um
auszureißen und niederzureißen
aufzubauen und einzupflanzen
auszurufen
dass Sein Reich kommt!

**Ich werde ihr Gott sein und
sie werden mein Volk sein** *Jer 31,31-34*

Ich bin da
immer
bedingungslos
eingeschrieben
in unsere Herzen
hineingesprochen
in unser Leben
Herzensbotschaft
die uns durchpulst
heimliebt
und sendet

Ich sammle euch aus allen Ländern *Ez 36,24-30*

Gefangen
im Tellerrandgefängnis
im Schöndenken und Schönsprechen
der eigenen Lage
nur in der eigenen Suppe rührend
bis sie verkocht ist
und die Not den Sprung erzwingt
über den Tellerrand hinaus

Doch jetzt willst Du sammeln
Zerstreute und Gefangene
in Deinem Namen
geeint und gestärkt
Frucht bringen sollen sie
und Frieden
weil Du mitten unter ihnen wohnst

Ich hauche euch meinen Geist ein *Ez 37,1-14*

Totengebein:
leblos
klaglos
fühllos
beziehungslos
verdorrt

Totengebein:
ersticktes Leben
erstarrtes Leben
in die Falle geratenes Leben
verweigertes Leben
unterdrücktes Leben

Totengebein:
Schwüre
die Beziehung ersticken
Verletzungen
die Leben beschneiden
Erfahrungen
die Leben verhüten

Totengebein:
aufgerufen
wachgerüttelt
durch Gottes Wort
angehaucht von Gottes Geist:
Ich will
dass du lebst!

Und siehe:
Totgeglaubtes steht auf
Erstarrtes erweicht
Verhütetes blüht
Ersticktes atmet auf
Verweigertes keimt auf
Beziehungsloses rückt zusammen:
Auferstehung!

Baut den Tempel wieder auf *Hag 1,1-8*

Zu lange
um sich selbst gekreist
auf der falschen Baustelle gebaut
Tempel des Konsums errichtet
auf Kosten der Ausgebeuteten gelebt
mit virtuellem Geld spekuliert
Menschen und Staaten ruiniert
dem Rennen um Wirtschaftswachstum
Umwelt und Klima geopfert
in unzähligen Kriegen
Leben und Heimat vernichtet

Baut meinen Tempel wieder auf
in eurem Herzen
in euren Ländern

Lasst euch wandeln
euer Denken
euer Tun

Liebt eure Feinde *Mt 5,44*

Dein Gebot
grenzenlose Liebe
alles übersteigend
alles überwindend

Liebe
die den Hass bezwingt
dem Leben dient
die wandelt
den Wolf zum Lamm
den Tod zum Leben

Liebe
die Mauern durchbricht:
Unversöhntheitsmauern
Vorurteilsmauern
Lieblosigkeitsmauern
Vorwurfsmauern
Missverständnismauern
Angstmauern.

Liebe
grenzenlos
mauernlos
absichtslos
maßlos:
Dein Gebot an uns
mein Gott!

Werde rein *Mt 8,1-4*

Aussatz
ruft nach
Einsatz
Einladung zum Rand
Gestalten durch Berührung
Ängste losgelassen
die Innenseite der Außenseiter
wahr-genommen
für wahr:
ein Mensch - wie ich!
Ich will es - komm rein!

**Plötzlich brach auf dem See ein
gewaltiger Sturm los** *Mt 8,23-27*

Immer wieder
lockst Du uns ins Boot
und setzt uns
nicht Grund-los
dem Bodenlosen aus
um durch die Presswehen der Angst
zu neuen Ufern zu gelangen

Lasst beides wachsen bis zur Ernte *Mt 13,24-30*

Weizensamen
Unkrautsamen
ausgestreut
auf meines Herzens Ackerboden
um sich aus Todesbanden
zum Leben zu befrei'n

Weizensamen
Unkrautsamen
untrennbar verwoben
schicksalsverschwägert
gemeinsam
den Lebenskampf durchringend

Weizensamen
Unkrautsamen
wer kann euch scheiden?

Wer vermag zu sagen:
du bist gut
und du bist schlecht?

Weizensamen
Unkrautsamen
ausgestreut
auf meines Herzens Ackerboden
harret der Ernte
der Liebe anheim gegeben!

Lebenshunger gestillt *Mt 14,13-21*

Fünf Brote
Tropfen auf dem heißen Stein
gesegnet
gewandelt:
Hoffnungsbrote
Liebesbrote
ausgeteilt
an viele
Lebenshunger gestillt

Sie meinten, es sei ein Gespenst *Mt 14,22-33*

Rückenwindglaube
weggeblasen
im Gegenwind
Haltlosigkeit ergreift Besitz
vom Boot des Lebens
das Notwendende versinkt
im Selbstrettungsversuch

blind kreist die Seele um sich
um ihre Not
selbst die Rettung erscheint als
Schreckgespenst

Erst fragend
erhält der Schrecken ein Gesicht:
Bist Du es?

Und in der Herausforderung
liegt die Bestätigung:
Komm!

Komm *Mt 14,22-33*

Getragen
von der Beziehung
gegründet
im gefassten Vertrauen
den Schritt ins Ungewisse wagen
und erfahren:
Es geht!

Es geht
bis die Angst
den Blick zurückkrümmt
auf sich selbst
und man versinkt
im Schrecken des Augenblicks

Der Hilferuf offenbart:
Du bist da!
Kein Sturz kann tiefer sein
als in deine Hand

Sie waren erstaunt und priesen Gott *Mt 15,29-31*

Lahme
Krüppel
Blinde
vorgelegt
nicht vorgeführt
um zu sehen was passiert
wenn Sein Schatten auf sie fällt

als Lahme und Krüppel tanzen
Blinde und Taube sehen und hören
staunend verschämt
den heimlichen Unglauben
beiseiteschieben
und Gott preisen

Was ihr für einen meiner geringsten Brüder getan habt, das habt ihr mir getan *Mt 25,31-46*

Heruntergekommen bist du
trägst das Antlitz
des Hungrigen und Dürstenden
des Fremden und Obdachlosen
des Nackten, Kranken und Gefangenen
zur Unkenntlichkeit entstellt
unbequem
ängstigend und abstoßend
trittst du uns entgegen
bittest um Ansehen
eine helfende Hand
ein offenes Herz

werde ich mich herauslocken lassen
zur absichtslosen Liebe
die irgendwann einmal
durch die Oberfläche hindurch
auf dein Antlitz stößt?

Wer den Willen Gottes tut, der ist für mich Bruder und Schwester und Mutter *Mk 3, 31-35*

Sich wandeln lassen
von Angehörigen zu Zugehörigen
von Besitzenden zu Ergriffenen
von Herausrufenden zu Eingelassenen
von Draußenstehenden zu Insidern
und BruderSchwesterMutter werden

Wer Ohren hat zu hören, der höre *Mk 4,9*

Wo ist der Hörer
der aufnimmt
des Wortes zarten Klang
mit Seelenohren
und sich ergreifen lässt
von seiner Melodie
im Seelengrund?

Wo ist der Hörer
der durchliebt
des Klanges stumme Schale
um zu schöpfen
aus des Wortes tiefen Sinn?

Wo ist der Hörer
dessen Sehnsuchtsbrand
befreit aus stummen Mündern
Lebensworte
die erstehen
aus Grabessprachlosigkeit?

Wo ist der Hörer
der durchliebt
der eigenen Seele stumme Nacht
bis machtvoll sich erhebt
des Gotteswortes lichter Klang
der tanzend durch die Seele hallt?

Für Gott ist nichts unmöglich *Mk 10,28-31*

Unmöglich
Sicherheiten loslassen
sich nicht an Menschen und Orten festmachen
nicht Ansehen durch Leistungen erwerben
in der Schwachheit die Mehrkraft suchen
das Unverstandensein bewohnen
und darin den Mehrwert erfahren
hundertfach

Unmöglich -
doch nicht für Dich!

**Fürchte dich nicht, Maria,
denn du hast bei Gott Gnade gefunden** *Lk 1,26-38*

Fruchtbarkeit
kann man sich nicht selber geben
das Herz muss
von Sehnsucht ergriffen
offen steh'n
für den Ermöglicher
des Unmöglichen

Den roten Lebensfaden
vom Geist ergreifen lassen
Gott Wohnung und Bleibe bieten
im leeren Herzen
und fruchtbar werden
für andere

Doch das Schlüsselwort
das dem Erkennen entzogen
geheimnisvoll
das Leben erschließt
kann nur empfangen werden:
Du Glaubende bist gesegnet!

Steh auf *LK 7,11-15*

leichenzug der zeit
mitläufer mensch
alle laufen mit
plötzlich ein
spruch ein
griff in
richtung leben
aufstand gegen den tod
mitleid wendet
grabesaussichtslosigkeit in
lebensvollmacht
totgesagtes in
lebenbegabtes
neu ergriffenes leben:
endstation!

**Ein Sämann ging aufs Feld,
um seinen Samen auszusäen** *Lk 8,4-6*

Wort-Samen
ausgestreut mit vollen Händen
auf dürres und
auf fettes Land

Der Sähmann rechnet nicht
nach Kosten-Nutzen
er will nur Leben –
und sei es noch so klein

Auch dürres Land
wird seiner Hoffnung nicht beraubt
doch Frucht zu tragen
nach seinem Maß

Und wenn's nicht gelingt in diesem Jahr
so doch vielleicht im nächsten
das Wort klopft an an harter Schale
bis sie das Blühen wagt

Den Unmündigen offenbart *Lk 10, 21-24*

unerhört
den unmündigen
in den schoß gefallen
weil die weisen
es nicht fassen konnten
das einzig weise wort
das menschgewordene offenbarungswort
sicher gelandet
im herzen derer
die nichts zu sagen haben
unerhört!

Nichts bleibt verborgen *Lk 12,2-3*

Geheimworte
geflüstert von Ohr zu Ohr
hinter verschlossenen Türen
Scheinsicherheit der Finsternis

Doch nichts bleibt verborgen
Finsternis wandelt sich zur Flüstertüte
Wände bekommen Ohren
Verborgenes kommt ans Licht
Verhülltes wird entlarvt

Selig wer bestehen kann
im Licht der Wahrheit

Der unterste Platz *Lk 14,7-12*

Demut nicht Selbstverachtung
kann andre groß sein lassen
ohne dabei Schaden zu nehmen

Demut die um Würde weiß
kann auch den untersten Platz
würdigen

Würde – im Herzen Gottes verankert –
kennt weder Ehrenplatz
noch untersten

Geht, zeigt euch den Priestern *Lk 17,11-19*

Weggeschickt,
ohne ein heilendes Wort,
ohne Segen,
ohne Berührung.
Nur: Geht!
Zeigt euch den Priestern!

Auf den Weg geschickt
mit einem Sandkorn Hoffnung
und einem Sack voller Zweifel,
mühsam nach Glaube
und Sinn tastend.

Glaubensschritte machen,
Fragen und Zweifel überwinden
und trotzdem
immer weitergehen.
Das Sandkorn Hoffnung
im Herzen bergend.

Und im Gehen erfahren:
Es geht!
Lasten fallen ab,
Wunden beginnen zu heilen.
Stillstand bringt Tod!

Endlich ankommen
als neuer Mensch
mit einem Sandkorn Zweifel
und einem Sack voll Hoffnung,
den Glaubensweg
im Herzen tragend
- und danken!

Denn er war klein *Lk 19,1-8*

Zu kurz geraten
ausgeliefert dem Zwang
ständig aufschauen zu müssen
sich klein und ohnmächtig zu fühlen
angesichts der Größe anderer
die den Überblick haben und mitreden können

Zu kurz gekommen
nach Auswegen suchen
Werte ummünzen
Selbstwert mit Gold aufwiegen
Ansehen durch Macht ersetzen
Liebe durch Furcht.
Es gibt viele Maulbeerbäume
die über andere erheben

Zu kurz gegriffen
spüren wie künstliche Selbsterhöhung
ins Leere greift
und die Seele hungert
nach echtem Ansehen
wahrer Liebe
Eigenwert
dürstend nach dem Du

Doch plötzlich:
ein Augen-Blick
der mich meint
ein Anspruch
der mich zu mir führt
eine Einladung
einzukehren zu mir

erfahren
dass ich wertvoll bin
schenkt innere Größe
ICH-Prothesen fallen ab

Am Anfang war das Wort *Joh 1*

Am Anfang war das Wort
Gott-voll
sich aussprechend
Welt- und Sinn-Leere
in Fülle verwandelnd

Am Anfang war das Wort
Lebens-mächtig
Leben zeugend
leblosen Raum
mit Liebe erfüllend

Am Anfang war das Wort
Licht-voll
Finsternis verdrängend im
Sinn-leeren Raum
Seelen erleuchtend

Am Anfang war das Wort
Demuts-voll
in sein Eigentum kommend
Freiheit schenkend
im Sklavenland

Am Anfang war das Wort
Taten-voll
hineingesprochen in
Untätigkeit
zur Liebe ermächtigend

Am Anfang war das Wort
Gott-voll
lebens-mächtig
Licht-voll
demütig
Taten-reich
bis heute

Jesus trat hinzu und ging mit ihnen *Lk 24,13-33*

Ein Atemzug geteiltes Leben
ein Augen-Blick Erkennen
eine kurze Ewigkeit Geborgenheit
eine Wegstrecke Heimat
ein Hoffnungsfunke Zutrauen:
EMMAUS

Du sollst Kephas heißen *Joh 1,42*

Im Augenblick
erkannt
das tiefste Wesen
freigelegt
und zugemutet:
Du bist Kephas!

Du hast Worte ewigen Lebens *Joh 6,68*

Worte des Lebens
springen über
von Gott zu Mensch
von Mund zu Ohr
von Herz zu Herz

Worte des Lebens
randvoll gefüllt
mit Lebenskraft
mit Liebeskraft
Dynamik des Geistes

Worte des Lebens
verzeihen das Unverzeihbare
heilen das Unheilbare
entwirren das Unlösbare
lieben das Verlorene heim

Worte des Lebens
ausgegossen
über die Erde
hineingesprochen
in unsere Tode
Flutlichter der Liebe
die die Finsternis erleuchten

Der rettende Name *Apg 4,12*

Dein Name
voll Heilkraft
und Auferstehungsglauben
hineingesprochen
in unsere Herzen
hineingeflüstert
in die Dunkelzonen der Welt
Sprengkraft der Liebe
in Lebensgräbern

Es fiel wie Schuppen von seinen Augen *Apg 9,1-22*

Manchmal müssen die Augen erst erblinden
damit das Herz sehend wird
wie bei Paulus
um durch das Vordergründige
und Vorgefasste
hindurch sehen zu können
auf die unsichtbare Wahrheit
die jenseits des Fassbaren liegt
und uns endlich
die Schuppen von den Augen fallen

Nichts wissen außer dem Gekreuzigten *1 Kor 2,1-5*

Nichts wissen
außer dem Gekreuzigten
ganz auf die Schwachkraft setzen
die von innen kommt
Dunkelschritte in den Seelenabgrund wagen
Nachtängste bannen
Geheimtriebe lichten
zu Grunde gehen
um gehimmelt zu werden

Die Gnade erweist ihre Kraft in der Schwachheit
2 Kor 12,9-10

Nur keine
Schwäche zeigen
unverwundbar bleiben
alles selber können
alles selber wissen
niemanden brauchen
auch Gott nicht!

Wer hätte damit gerechnet
dass Gott Schwäche zeigt
in seiner Menschwerdung
sich verwundbar macht
um unserer Schwachheit aufzuhelfen
mit Auferstehungskraft

Seitdem ist
Schwäche zeigen
angebracht!

Passion und Auferstehung

Durch die Wunde gehen

Durch die Wunde gehen
Schmerzen nicht scheuen
Aufrechnen lassen
in Gottes Herz eintreten
und sich wandeln lassen
von seiner Liebe
erfüllen lassen
mit seinem Frieden
als neuer Mensch
gesendet werden
in die Welt

Wunde an Wunde mit Dir

Wunde an Wunde
mit dir
heilt meine Seele
löst sich Bitterkeit
in Liebe auf
flutet neues Leben
in erstarrtes Herz
knospt Versöhnung
aus verschlossener Faust

Wunde an Wunde
mit dir
ersteht Ostergesang
aus Grabeshoffnungslosigkeit
und meine Seele
lächelt

Dein Kreuz in meiner Hand

Dein Kreuz
in meiner Hand
gibt mir den Halt
wenn die Brandung des Lebens
zusammenschlägt
über meinem Kopf
und mein Herz versinkt
im Abgrund der Haltlosigkeit

Dein Kreuz
in meiner Hand
gibt mir den Halt
in der Einsamkeit des Herzens
unerreichbar
für jedes Versteh'n

Dein Kreuz
in meiner Hand
gibt mir den Halt
wenn die Todesnachtigall
ihre Lieder anschlägt
sie sehnsüchtig hinüber hallen
ans andere Ufer

Dort
wo kein Boden mehr trägt
keine Hand mich mehr hält
dort trägt mich dein Kreuz
ans rettende Ufer

Kreuz-Weg

Kreuz –Weg
durchkreuztes Leben
auf den Weg gebracht

Dammbruch
ungeweinter Tränen
die die Bitterkeit herausspülen

Unversöhntes
der Versöhnung
entgegengestorben

Im Zeichen des Kreuzes
Qualitätssprung
von Moll nach Dur:

Auferstehung!

Veronika

Frau traut sich
bricht aus
aus gaffender Menge
zeigt Gesicht
inmitten der Anonymität
lässt sich treffen
vom Leid des anderen

Ihr Blick
geht tiefer
hindurch
durch Urteile und Vorurteile
hinab
zum Leidensgrund
zum Seelengrund

Das Leid
durchbrochen
von einem Augen-Blick
gelindert
durch eine Liebestat
durchlichtet
durch unverhofftes Ansehen

Das Antlitz des Leidens
eingeprägt
im Seelengrund
er-Innert
in den zahllosen Leidenden
die das Ansehen verloren haben

Echte Begegnung prägt!

Jesus fällt zum zweiten Mal

Schon wieder gefallen
allen Vorsätzen zum Trotz
vor den Augen der anderen
die neugierig und sensationslüstern
den Gefallenen begaffen

Der Mensch
zu Fall gebracht
die Schwäche offenbar
Erwartungen enttäuscht
der zweite Fall wiegt schwerer
als der erste!

Schon wieder
der Sucht erlegen
die Wahrheit umgangen
die Chance verstreichen lassen
die Versuchung genutzt

Die Hoffnung
begraben
das Selbstvertrauen
zerbrochen
die Schwachheit
besiegelt!

Das Kreuz
des erneuten Scheiterns
Querschläger
der auch die treffen kann
die sich jetzt an ihm ergötzen

Entblößung

Jesus
bloßgestellt
ausgezogen
das Intimste
ans Licht gezerrt
schutzlos preisgegeben
den neugierigen
und abschätzenden Blicken

Seht der Mensch:
die Würde verletzt
die Blößen offengelegt
der Leib geschändet und
zur Schau gestellt
verachtet und bespuckt
die Seele
in den Schmutz getreten

In der Entblößung
Gott hautnah bleiben.
Im gewalttätigen Zugriff
die Haltung bewahren.
In der Preisgabe
die innere Freiheit behalten.
In der Entwürdigung
zur unantastbaren Würde finden.

Seht der Mensch!

Gewandelt

Durch Deine Leidwerdung
Jesus
gibt es kein
Heil-loses Leiden mehr
selbst der Tod verliert
in der Auferstehung
die Ausweglosigkeit
das Tor der Wunden
eröffnet den Weg
in Dein liebendes Herz
und als Gewandelte
kehren wir zurück
in die Welt

Wende-Punkt

Tod
Schluss
Punkt
wird
Wende
Punkt
vom Tod zum Leben
von Zeit zur Ewigkeit
vom Schmerz zur Freude
von Unversöhntheit zur Liebe
vom Schluss-Punkt
zum Doppel-Punkt

Frühling

Es war Frühling
doch keiner wusste
was ihm wirklich blühte
beim Einzug
nach Jerusalem
bis Palmen zu
Dornen wurden
unter denen das Leben zu Grunde
ging in die Ewigkeit

Karsamstag

Schwer auszuhalten
die Leere
zwischen
Tod und Leben
noch nicht und doch schon
das nachtvolle Geheimnis
der Wandlung
zu durchwandern

Es gibt keinen Bypass
ins Leben!

Lebensduft

Der Stein
vom Grab gewälzt
der Leichnam
verduftet
ins ewige Leben

Seitdem hängt
Lebensduft
über den Gräbern
und Hoffnungsgesang

Aufstand des Todgesagten

Aufstand
des Totgesagten
in Leblosigkeit versickertes Leben
bricht sich Bahn
zerrinnt dem Tod zwischen den Fingern
sammelt sich zu neuer
ungeahnter Mächtigkeit
die ungebrochen ewig währt

Offener Himmel

Seit Deinem Tod
und Deiner Auferstehung
steht an den Karfreitagen
unseres Lebens
der Himmel offen
über unseren Wunden
wartet das Leben darauf
neu zu erstehen

Gewandelt durch Liebesmacht

Seit du erstanden bist aus Todesnot
scheint dein Auferstehungslicht
in die Gräber der Menschen
in die Wunden der Herzen
in Hoffnungslosigkeiten
und Unversöhntheiten
auf Hass und Streit
auf Gewalt und Lieblosigkeit
damit sie gewandelt werden
durch Liebesmacht
durchlichtet
von Auferstehungsglanz
bis sich der Lobgesang erhebt:
Halleluja
die Liebe hat den Tod besiegt

lebenshörig

Ein Höriger warst du
nicht des Todes
sondern des Lebens

Weil du auf das Leben hörtest
bist du hinabgestiegen
um es zu suchen
und zu wecken
selbst dort
wo Menschenleben scheitern

Selbst in der Grabesstille
suchtest du den Klang des Lebens
und setztest ihn frei
als ewiges Klopfzeichen des Lebens
in unseren Abgründen

Lebensfeuer

Lebensfeuer
lodert in unseren Herzen
sprüht Funken
in Schuld und Gebrochenheit
Zweifel und Not
wendet Tod in Licht
Angst in Vertrauen
Unversöhntheit in Frieden
Lieblosigkeit in Liebe
entfaltet
Liebeskraft
Lebensmacht
Auferstehungswille
immer wieder
neu

Skandalon

Nicht der ferne Himmelsgott
ist das Skandalon
an dem die Geister sich scheiden
sondern der Heruntergekommene
der die Tiefe als Wohnstatt erkoren
im Unbehausten wohnt
weit unter meinen Möglichkeiten
weit unter meinem Niveau
weit unter meiner Toleranzschwelle.
Wie kann der Schwächste der Schwachen
unserer Schwachheit aufhelfen?

Denn damit war nicht zu rechnen
dass der Heruntergekommene
noch einmal Höhenluft atmet
der Abgestürzte
im Abgrund das Leben findet
der Todgesagte
aufgeht im ewigen Leben
und unsere gehimmelte Hoffnung
abgründig verankert
um unseren schwankenden Lebensleitern
auf denen wir waghalsig und
ungesichert nach oben klettern
einen tragenden Grund zu geben

Franziskus

Ent-Rüstet

Gut gerüstet
mit allen Wassern gewaschen
gegen alle Eventualitäten gewappnet
zu Heldentaten angespornt
den Lebenskampf aufgenommen
und doch spüren
dass im Bettelkleid
das Mehr des Lebens liegt
im entwaffnetem Herzen
in der offenen Hand
im gelebten Vertrauen -
geistgewirkte Entrüstung
im Widerstand

Auf-Gebrochen

Im Kerker aufgebrochen
für das Anderswo
und Anderswie
wagtest du dein Lebensboot
neu in die Stürme zu lenken
Sehnsuchtssterne deutend
die tief dem Herzen eingeschrieben
Klippen umschiffend
die das Scheitern beschworen
um endlich anzukommen
im Himmelsblau
sehnsuchtssatt

Sinnsuche

Lauschen
mit Seelenohren
radargleich
das Stimmenwirrwar der Zeit
durchforsten

Gottesgegenwart
in die Einsamkeit heruntersehen
Fokussierung
aller Kräfte auf das Wesentliche
das dem Herzen Richtung gibt

In den Zeichen der Zeit
den Willen Gottes ertasten
aus dem Stimmenwirrwar der Meinungen
das Säuseln des Geistes erlauschen
im Anblick des Aussätzigen
Christus erkennen

Aug und Ohr werden
damit Er ankommen kann
im Leben

Schatten der Angst *2 Celano 5*

Schatten der Angst
malen Schreckensbilder auf Seelenwände
verhindern Zukunftsschritte
halten gefangen im Käfig
qualvoller Unentschiedenheit

Angelpunkt Schwachstelle
an dem der Angsthebel ansetzt
dem Eitlen
die Hässlichkeit verheißend
dem Anerkennungsbedürftigen
das Ausgestoßensein

Gefangen im Bannkreis der Angst
eröffnet sich Gottesausweg:
Brich aus
aus der Nabelschau
dem angstvollen Kreisen um dich!
Schau auf mich!

Tausch Menschenansehen
gegen Gottesansehen
weltliche Ehre
gegen Gottesfreundschaft
empfange dich neu
aus Gotteshand

Kerker des Unverstandenseins *Dreigefährtenlegende 6*

Gefangen
im Kerker des Unverstandenseins
gekettet
an die Erwartungen anderer
geschlagen
für durchkreuzt Pläne

Und doch:
gelockt
von Gottes Sehnsucht
erfüllt
von Kreuzeskraft
befriedet
von Segensmacht

Bis Liebeshände
den Kerker öffnen
falsche Bindungen und Fesseln
abfallen
und du gestärkt
auf Gottes Wegen gehst

Dann verließ ich die Welt *Testament*

Abschied
vom Wertesystem der Welt
Reichtum aus den Armen pressen
Macht durch Unterdrückung ausüben
Ansehen auf Unmenschlichkeit gründen

Ausbruch
aus der Scheinsicherheit der Stadt
Trennwände übersteigen
Standesgrenzen sprengen
Todesgrenzen überwinden

Ausstieg
aus der Todsicherheit
Absprung
vom Leichenzug der Zeit
ausschwenken
aus der Sackgassengläubigkeit

Tauschhandel:
Gesetzessicherheit
gegen
Geistesdynamik
Mausoleumszukunft
gegen
Kreuzesfreiheit

Dann verließ ich die Welt II *Legenda Major 2*

Ausbruch
aus der Gesetzmäßigkeit der Stadt
Äußerlichkeiten abgelegt
die dem Leben Sinn und Richtung gaben

Sich im Angesicht Gottes
entlarven
enthüllen
entmitteln
um unmittelbar zu werden

Erkennen dass
Haben das Sein entleert
durch Besitztum
der Wert zwischen den Fingern zerrinnt

Erfahren dass
Besitz besetzt
das Herz verhärtet
die Hand verschließt
die Faust ballt
vor Zugriff von außen

Und die Schätze
bei Gott hinterlegen
um ein Mensch zu werden
der den Himmel heruntersehnt
in die satte Trägheit der Welt

End-Äußert

Bittergeschmack des Lebens
brennt auf der Zunge
Todeswerte
entlarvt und abgelegt
altes Kleid
das nicht mehr passt
Leerhülle - Hoffnungskorn
keimt auf in Todesnacht

Abstieg

Vor dem Unbequemen
dem Aussätzigen
dem Randmenschen
nicht dem Ross
sondern dem Herzen
Sporen geben
herabsteigen
in seine Wirklichkeit
um auf Augenhöhe
Gottes Augen zu schauen

Rand-Erscheinung

An den Rändern dunkelst du
in den Schmuddelzonen des Lebens
verborgen und entstellt
erst in der Begegnung
im Aussätzigenkuss
scheinst Du auf
und wir erahnen
dass wir angekommen sind
in der Mitte Deines Herzens

Abstieg II

Abstieg
in die Dunkelzonen der Seele
in denen verborgen
alte Erinnerungen heimliches Spiel treiben
und ihre Schatten werfen
bis in die Gegenwart

gelichtet
verlieren sie den Schrecken

Der Wolf von Gubbio *Fioretti*

Verlorene Träume
uneingestandene Bedürfnisse
schwärende Wunden
heimliche Schwüre
er lauert auch in mir
der Wolf
verborgen dunkelt er in Schattenzonen
lauert auf den Augenblick
in dem er hervorbrechen
und zuschlagen kann

Schau ihn an
hör auf seine Botschaft
er hat dir was zu sagen
schließe Frieden mit ihm
gib ihm das Not-Wendende
lade ihn ein
mit dir zu gehen

Er wird ein guter Wegbegleiter sein!

Baue meine Kirche auf! *Legenda Major I,5*

Das Evangelium leben
apostelgleich
zu den Menschen gehen
Heilsräume eröffnen
wunde Herzen heilen
Feindschaften befrieden
Ausgestoßene beheimaten
Suchende begleiten
Totes neu beleben

Immer wieder
Gottesspuren entdecken
in den Menschen
in der Schöpfung
in den Religionen
und so Kirche leben
weil ER mitten unter uns ist

Poggio Bustone:
All deine Sünden sind dir vergeben!

Gefangen im Gefängnis der Vergangenheit
in Selbstanklage und Trostlosigkeit
im Unverzeihlichen und Unrückgängigmachbaren
zerrinnt die Zukunft zwischen den Fingern
bis von Innen eine Tür aufgeht
und unverdientes Erbarmen
alle Schuld und alles Versagen
mit Liebe durchtränkt:
All deine Sünden sind dir vergeben!

Licht flutet Herzensfinsternis
Lasten der Vergangenheit fallen ab
unter den Füßen erstehen
Zukunftswege

Schöpfung

Du bist da!
Zart schimmert dein Antlitz
durch die Schönheit der Schöpfung
und prägt ihr dein Siegel auf

Du bist da!
Sanft weht dein Geist durch den Äther
und umhüllt alles was lebt
mit Liebe

Du bist da!
Machtvoll erhebt sich dein Wort
in der verschwebenden Stille
und spricht dich flüsternd in die Welt hinein

Du bist da:
In mir
um mich herum
überall!

Gepriesen bist Du
mein Gott!

Immerfroh?

Nein, du warst kein Bruder Immerfroh
der lachend über Wiesen sprang
mit Vögeln um die Wette sang
nur selten warst du so!

Sein Mit-Leid zog dich in den Bann
das tief aus Seinem Herzen rann
und unaufhaltsam voll Erbarmen
sich ausgoss über alle Armen

So folgtest du den wunden Spuren
die Schmerz-voll durch die Herzen zieh'n
und stelltest dich den dunklen Schatten
die Nächtens in der Seele blüh'n

Um Wund an Wund mit Ihm zu heilen
an seinem Kreuze zu verweilen
um dann aufs Neue ausgesandt
als Bote raus ins Unheilsland

Nein, du warst kein Bruder Immerfroh,
mit Leidgeprüften weintest du
bei Randgestalten fand'st du Ruh
schon immer warst du so!

Die Regel ist das Mark des Evangeliums

Gottes Wort
ins Mark gebrannt
alles durchdringend
alles durchformend
um neu geboren zu werden
durch Liebestat

Fonte Colombo: Die Regel

Brosamen
Wortsamen
zusammenfügt
zur Forma vivendi
um Frucht zu bringen
Leben zu formen
damit es blüht
und wächst
in Seiner Liebe

Vollkommene Freude

In Anfechtung und Streit
Liebe bewahren
unverstanden und beschuldigt
trotzdem aufrecht und frei
stehen
zu sich stehen
zu den anderen stehen
und darin die wahre Freiheit finden

Sie sollen ihn durch ein heiliges Wirken gebären

Gottesschwanger
Jesus gebären
in Worten und Taten
Presswehen des Lebens
an Andersorten
in Lebensminenfeldern
in Hoffnungslosigkeitsfallen
in Lebensgräbern -
Totgeburten nicht ausgeschlossen!

In diesen Spiegel schaue täglich *Klara*

Spiegel
willst du mir sein
um mich neu zu entdecken
in deinem liebenden Blick:
Mein Gesicht in deinem Gesicht
mein Leben in deinem Leben
mein Herz in deinem Herzen
meine Seele in deiner Seele
und in der Tiefe erfahren:

Ich darf sein
wie ich bin!

Ich darf werden
wie du mich siehst!

Ich darf leben
in deiner Liebe!

Anerkenne deine Berufung *Klara*

Anerkenne deine Berufung!
Deine Schwachheit und Ohn-Macht
deine Gebrochenheit und Schuld
bilden den Klangkörper
durch den Gottes Kraft und Liebe
ungebrochen
in der Welt ertönt

La Verna I

Franziskus
Fleck an Fleck
nähtest Du zusammen
auf Deinem Kleid
damit nach außen
offenkundig wurde
was Du innerlich
schon längst wusstest:
Du bist ein geflickter Mensch!
Von Gottes Gnade
zusammengehalten und beseelt
von Kreuzes Kraft
aufrechtgehalten
vom Heiligen Geist
durchwoben
damit alle Menschen
sehen konnten
was Gottes Gnade wirken kann
in der Schwachheit und Armut
eines Menschen.

La Verna II

Barfuß
bis zu den Seelenspitzen
stelltest du dich der Nacht
deiner Seele
deines Lebens
um mit deinen Tränen
die wunde Erde zu benetzen.

Doch deine Tränen
fielen himmelwärts!

Höchster, glorreicher Gott ...

Höchster
unerreichbar Ferner
über allem Schwebender
menschgeworden kommst du auf
Augenhöhe

... erleuchte die Finsternis meines Herzens ...

Herzensverfinsterung
zielloses Taumeln
in verlorener Selbstsicherheit
angstvolles Tasten nach Sinn
Sehnsuchtsschrei!

Finsternis
alles verschlingende
Angst und Unsicherheit
gelichtet verlierst du dein
Schreckensgesicht

... schenke mir rechten Glauben ...

Glaube
alles durchdringender
Durchblick des Herzens
zweifelnd schärfsten du dein
Profil

... gefestigte Hoffnung ...

Hoffnung
grenzüberschreitender Brückenschlag
über Ungewissheitsabgründe hinweg
wo die Zukunft dunkelt
verheißungsvoll

… und vollendete Liebe …

Liebe
viel ersehnte
mühsam errungene Freiheit
vom Kreisen um sich
Menschwerdung

Schenke mir, Herr, das rechte Empfinden…

Empfinden
stilles Lausen
mit Seelenohren auf
leises Säuseln im Seelengrund
Gotteshauch

… und Erkennen…

Erkenntnis
göttliches Licht
von Urbeginn an
Kompass für Lebens-Sucher
richtungsweisend

… damit ich deinen heiligen und wahrhaften Auftrag erfülle.

Auftrag
gesendet sein
Gott gebären durch
Wort und Tat bezeugt
Menschwerdung

Berufungsgebet in Elfchen